编 委 会

主　　编：周　群

副 主 编：赵占国　颜　丽

编　　委：刘　萍　郭敏霞　易　琴　王爱彬
　　　　　李　俊　饶冬婷

美术设计：梁海榕　汤　媛　张　捷

云南师范大学附属小学校本教材

小小研究者

周 群 主编

云南出版集团
云南人民出版社

图书在版编目（CIP）数据

小小研究者 / 周群主编. -- 昆明：云南人民出版社，2021.5
ISBN 978-7-222-19581-3

Ⅰ.①小… Ⅱ.①周… Ⅲ.①课程–小学–教学参考资料 Ⅳ.①G624

中国版本图书馆 CIP 数据核字(2021)第 076805 号

出 品 人：赵石定
项目统筹　冯　琰
责任编辑：冯　琰
助理编辑：谢筑娟
责任校对：胡元青
装帧设计：梁海榕　汤　媛　张　捷
责任印制：马文杰

小小研究者
XIAOXIAO YANJIUZHE

周　群　主编

出　版	云南出版集团　云南人民出版社
发　行	云南人民出版社
社　址	昆明市环城西路 609 号
邮　编	650034
网　址	www.ynpph.com.cn
E-mail	ynrms@sina.com
开　本	787mm×1092mm　1/16
印　张	2.5
字　数	33 千
版　次	2021 年 5 月第 1 版第 1 次印刷
印　刷	昆明珵煋印务有限公司
书　号	ISBN 978-7-222-19581-3
定　价	28.00 元

云南人民出版社微信公众号

如需购买图书、反馈意见，请与我社联系
总编室：0871-64109126　发行部：0871-64108507　审校部：0871-64164626　印制部：0871-64191534

版权所有　　侵权必究　　印装差错　　负责调换

目 录

单元1 选一个研究课题

1.1 如何选题　　　　　1
1.2 选题步骤　　　　　2
1.3 选题类型　　　　　3

单元2 做好研究准备

2.1 了解科学研究方法　6
2.2 制订一个研究方案　7
2.3 研究方案实例　　　8

单元3 实施一个研究

3.1 进入现场　　　　　10
3.2 收集资料　　　　　11
3.3 整理和分析数据　　12

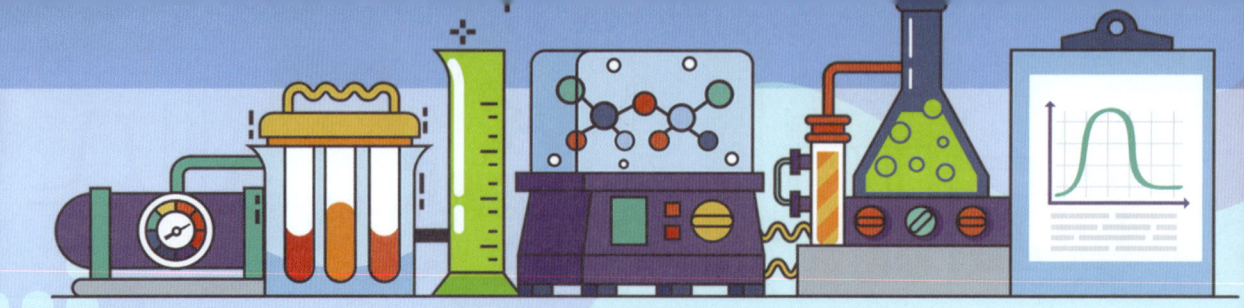

单元 4　撰写研究论文

4.1　论文结构　　　　　　15

4.2　论文的规范表达　　　16

4.3　论文写作注意事项　　18

单元 5　陈述你的论文——答辩

5.1　答辩流程　　　　　　19

5.2　答辩技巧　　　　　　21

5.3　反思提升　　　　　　22

单元 1　选一个研究课题

1.1 如何选题

　　选题就是要多观察身边的事物和现象，从不同角度、不同层次提出问题，分析问题产生的原因或因素。可以从我们身边的事物和现象中提出问题，可以从书本的已有知识中提出问题，可以从媒体宣传报道中提出问题，还可以从人们日常生活的交流中提出问题。只要你是个有心人，就不愁提不出好问题。

讨论：什么是好的选题？

- 有研究价值，自己通过对选题的研究，掌握必要的科学概念和研究方法。

- 具有可行性，能自己设计并完成。

- 贴近生活，是我们生活中看到、听到、遇到的真实问题。

- 题目大小适度，容易搜集整理资料，便于深入研究。

- 选题新颖、有趣味性，能激发我们学习科学知识的热情。

1.2 选题步骤

发现问题 → 聚焦问题 → 界定问题 → 陈述问题 → 选择问题

同学们要注意哦，有些问题不适合研究。

① 价值问题：
小学课程应该包括劳动课吗？

② 不可能证明的问题：
教授语文最好的方法是什么？

③ 需要创造不可能条件的问题：
如果没有战争，今天的学校会是什么样？

1.3 选题类型

1.3.1 社会科学

社会科学是研究各种社会现象的科学，包括政治学、经济学、法学、教育学、文艺学、史学等。

社会科学一般运用调查、统计、分析等方法进行科学研究。

好项目从哪里来？

① **查阅文献**：了解某一领域国内外研究的现状。

② **深入实践**：在实践中发现一些社会热点问题，凸显论文的创新性和实用性。

③ **挖掘特色**：云南是一个少数民族聚居的省份，各地有许多独特的民风、民俗，可以深入走访，挖掘特色，展示亮点。

思 考

参考一下别人的研究题目。

"西南联大"文化名人故居现状调查

彝语传承中的"逐代递减"现象及其成因和对策

昆明市网约车服务价格分析及用车策略研究

"全面二胎"政策后城市家庭子女态度的调查分析

1.3.2 自然科学

　　自然科学是研究大自然中各类事物和现象的科学。

　　自然科学包括数学、物理学、化学、微生物学、环境科学、生物化学、医药与健康学、工程学、计算机科学、动物学、植物学、地球与空间科学等多门学科。

怎样确定我们的选题方向呢？

我喜欢看《流星与陨石》，想研究流星的消亡与陨石的分布。

我喜欢走进自然，腾冲热海高温菌的秘密是我想研究的方向。

新闻里的社会热点也值得深入研究，我决定进行雾霾致环境污染对兔呼吸功能影响的实验研究。

我准备参与到爸爸的课题研究中，希望能完成其中的一个小课题。

我想研究滇池水环境的情况，和以往的研究相比，我有创新哦！

云南少数民族众多，还有很多文化古迹，这些是多么难得的资源啊！我的选题是昆明市长虫山生态调查研究。

我和爸爸妈妈对铁皮石斛都有一定的了解，我们打算一起研究不同基质与铁皮石斛炼苗成活率等的关系。

1.3.3　小发明

工程学是研究自然科学在各行业中的应用方式、方法的一门学科，同时也研究工程进行的一般规律，并对其进行改良。小发明、小制作是工程学的一种呈现方式。

很多小发明都是因为原有产品在实际使用过程中有不方便的地方，于是想到去改变它、完善它。所以，我们要做生活的有心人。

有时我们会将两种不相关的物品组合起来形成一个新的小发明，有时我们会换个角度去创造一个和现有物品有着同样功能的小发明……其实这就是创新啊！

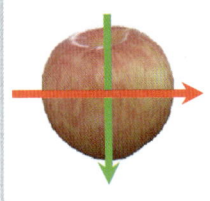
换个方向切苹果会出现什么呢？

直立的墨水瓶会出现什么意外呢？瓶口可以换个方向吗？

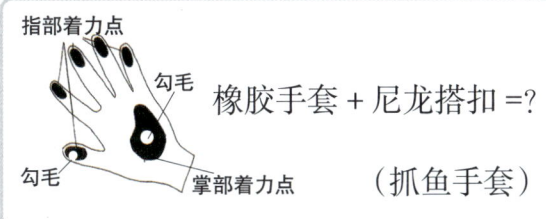
橡胶手套 + 尼龙搭扣 =？
（抓鱼手套）

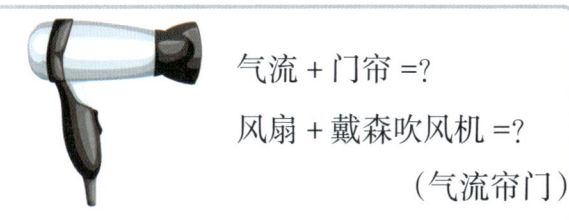
气流 + 门帘 =？
风扇 + 戴森吹风机 =？
（气流帘门）

单元 2　做好研究准备

2.1 了解科学研究方法

2.1.1 科学研究方法

科学研究方法，是指在研究中发现新现象、新事物或提出新理论、新观点，揭示事物内在规律的方法和手段。一般有观察法、文献法、实验法、调查法等，调查法分为访谈调查法和问卷调查法。研究方法是人们在从事科学研究过程中不断总结、提炼出来的。

观察法

- 确定观察目的，制订观察计划
- 用各种感观进行观察
- 借助多种工具进行观察和测量
- 记录观察结果

文献法

文献是进行科学研究的理论基础。通过研究已有文献，了解前人的思想及活动，对文献进行收集、分析、整理，以形成科学事实的研究方法被称为文献法。只有获得充分且广泛的第一手资料，才能获得丰硕的科研成果。

访谈调查法

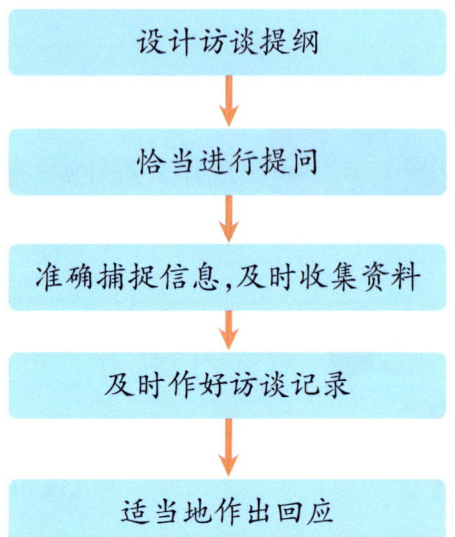

- 设计访谈提纲
- 恰当进行提问
- 准确捕捉信息，及时收集资料
- 及时作好访谈记录
- 适当地作出回应

问卷调查法

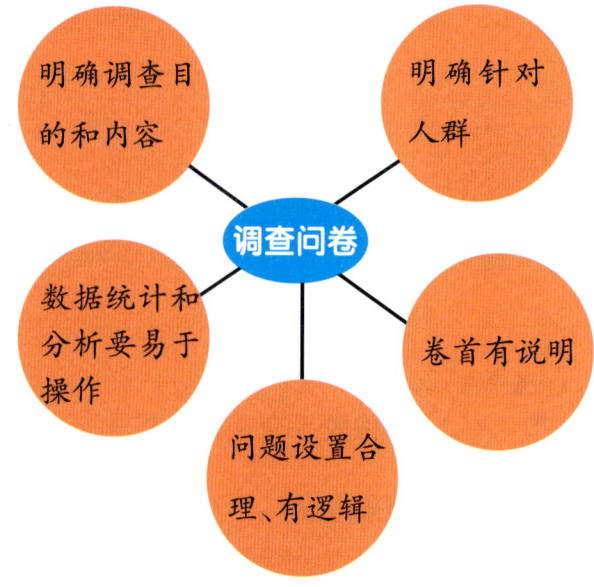

调查问卷
- 明确调查目的和内容
- 明确针对人群
- 卷首有说明
- 问题设置合理、有逻辑
- 数据统计和分析要易于操作

2.2 制订一个研究方案

方案就是做什么和怎么做。研究实施计划就是按时间顺序规划每个阶段做什么。

兵马未动,粮草先行。做研究前要先做一份方案,一起来试试吧!

研究方案六要素	how	研究方法与步骤			
		人员安排			
	who	研究时长			
		进度安排			
	when	研究场所			
		设备器材			
	where	为什么这样做			
		有什么改进			
	why	主题			
		研究目的			
	what				

2.3 研究方案实例

2.3.1 对比实验

对比实验指设置两个或两个以上的实验组，通过对结果的比较分析，来探究各种因素与实验对象的关系，这样的实验被称为对比实验。

我们做过很多对比实验，比如："土壤的侵蚀程度与哪些因素有关？"

对比实验要注意：（1）每次只能改变一个因素；（2）确保实验的公平，除了改变要研究的那个因素外，其他因素应该保持不变。

你还能说出三个让你印象深刻的对比实验名称吗？

方案设计

科学研究方案设计

提出的问题 _____

我的推测 _____

实验方法 _____

实验材料 _____

不同条件（要改变的条件）_____

相同条件（不改变的条件）_____

研究步骤 _____

_____

_____

_____

其实，这就是最简单的科学研究方案。

单元 3　实施一个研究

3.1 进入现场

什么是进入研究现场呢?

我的研究方法是文献法,开始查阅文献就进入研究现场了。

如果用的是问卷调查法,开始发放问卷就进入研究现场了。

我需要做实验,进入实验室就进入研究现场了。

用观察法研究时,找到观察对象也就进入研究现场了。

当我和访谈对象开始交谈时,也就进入研究现场了。

3.2 收集资料

课题资料是指课题研究过程中的全部资料，是课题研究的重要组成部分。它如实地记载了一个课题从策划、立项、研究到最后结题的全过程。它不仅是课题成果的佐证材料，更是开展科研工作的保证，所以研究过程中要注意收集研究相关的原始数据与资料。

我知道全面地收集、整理和保存资料，是课题研究中的一项重要工作。

我还知道资料的占有量及资料的客观性和真实性，决定了课题研究成果的质量。

收集资料要注意：

首先，明确课题资料的分类方法，把类别写出来。

其次，把手中已有的资料，按类别编写在相应的目录下进行收集、整理。

再次，整理资料要耐心细致，贵在坚持。

3.3 整理和分析数据

整理数据、分析数据是做研究的重要环节。为了将抽象的数据形象化，我们可以根据需要借助 Excel 表格制作柱状图、折线图或饼状图，便于我们理解、分析。

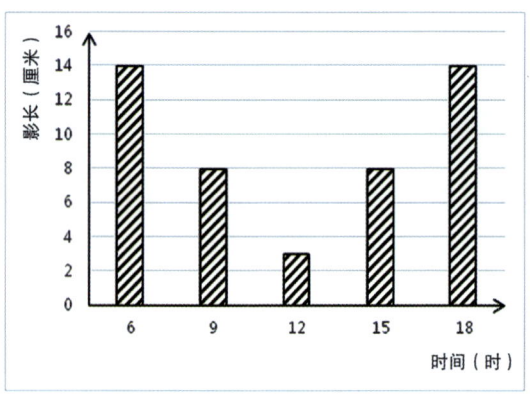

柱状图

一种以长方形的长度为变量的统计图表，在对比实验中有广泛应用。只有一个变量，用来比较一个项目在几个特定时段内的差异，或多个项目在某一时段的差异。

折线图

折线图可以显示随时间（根据常用比例设置）而变化的连续数据，适用于显示在相等时间间隔下数据的趋势。

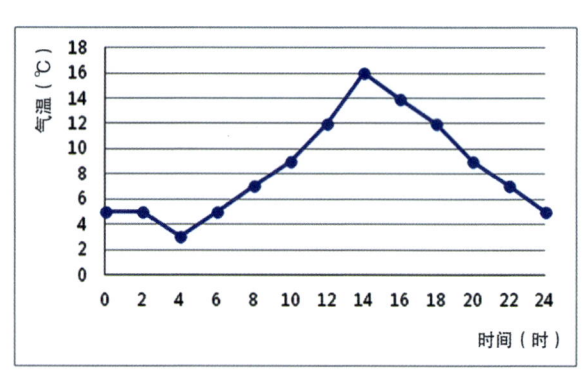

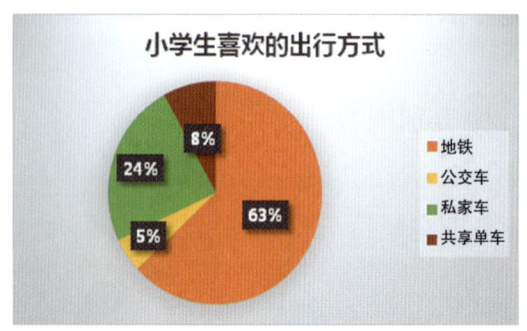

饼状图

饼状图能清楚地表示出各部分在总体中所占的百分比。用于对比几个数据在其形成的总和中所占百分比值时最有用。

在研究"一天中阳光下物体影子的变化"时，我们可以用柱状图直观地比较不同时刻物体影子的长度。

在研究"小学生喜欢的出行方式"时，饼状图可以直观地呈现喜欢每种方式的人在整体中所占的比例。

在研究"气温的变化"时，我们可以用折线图直观地呈现一段时间内气温的变化趋势。

建立图表的几个步骤：
①选择生成图表的数据区域；
②利用"图表向导"创建图表并选择对应的图表类型；
③选中图表，根据需求进行设计；
④对图表进行数据分析。

柱状图实例（以 office2016 为例，仅供参考）

影长—时间统计表

时间（时）	影长（厘米）
6	14
9	8
12	3
15	8
18	14

① 选定除标题以外的数据区域，如图所示：

② 选择插入相应的图表。

③ 选中图表，依次设置图表类型、图表源数据、图表选项和图表位置。

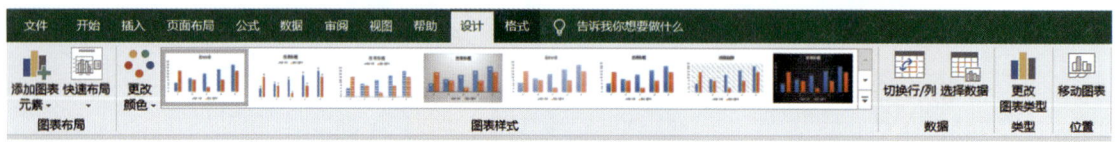

④ 对图表进行修饰和调整，并进行数据分析。

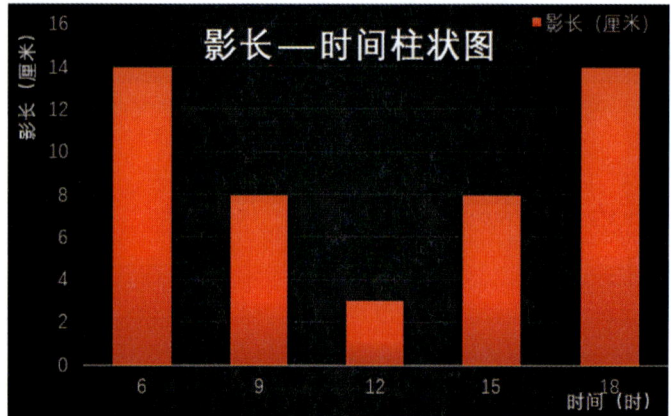

温馨提示：

必要的时候，我们可以选择统计图中的部分数据来产生图表。复选的方式是先选中一部分区域，按下 Ctrl 键后再按下另外的区域。

单元 4　撰写研究论文

4.1 论文结构

当我们对一个问题进行研究之后，如何将其展现在众人面前呢？

我们可以写"小博士"论文来展示。

论文的基本格式 >

①论文题目；
②作者姓名；
③摘要；
④关键词；
⑤正文；
⑥参考文献。

温馨提示：

论文写完后，别忘了写一写你的写作体会哦！谈一谈研究过程的收获和感触，以及向研究过程中帮助过自己的人致谢。

4.2 论文的规范表达

论文题目
- 用短语
- 便于检索
- 不超过20个字
- 不能过大、过于抽象
- 可以用副标题

关键词

关键词是论文的题名、摘要和正文中最关键的3~5个词。

关于作者

不超过两位；

需排序（以承担研究任务多少和实际贡献来决定先后顺序）；

必须参加过本项目研究和论文的撰写。

关于正文

正文应包括研究背景、研究方法、研究过程、研究结论。

参考文献

列出本文所参考的论文资料等，并标明序号、著作名称或文章标题、作者姓名、出版物信息等。

参考文献体例

专著

作者1，作者2，作者3等.出版年.书名（包括副标题）.出版地：出版社，起讫页码.

例：李宝山，刘志伟，张莉等.1998.集成管理——高科技时代的管理创新.北京：新华出版社，304~309.

刊物

作者1，作者2.出版年.文章名.期刊名，卷或年（期）：起讫页码.

例：路甬祥.1998.科学的历史经验与未来.自然科学史研究，17（3）：197~206.

论文集

作者，出版年.文章名.见：论文集编者.论文集名.出版地：出版社，起讫页码.

例：李明森.1992.横断山区自然资源的开发与保护.见：中国青藏高原研究会.中国青藏高原研究会第一届讨论会文选.北京：科学出版社，64~71.

网页

作者.发表年.文章名.网页.

例：国务院.2010.国务院关于进一步加强防震减灾工作的意见.http：//www.most.gov.cn/yw/201009/t20100926_82362.htm.

单元 5　陈述你的论文——答辩

5.1 答辩流程

Hi，祝贺你过五关斩六将，从网上评审中胜出，最终走向现场答辩环节。

你能向我介绍一下现场答辩流程吗？

答辩流程图 ▶

陈述论文核心内容，并谈写作体会（3~4分钟） → 现场观众提问，专家点评（1~3分钟） → 评审会合议 → 宣布评审结果 → 通过评审的"少儿小博士"身着小博士服上台 → 颁发"少儿小博士"证书

答辩要求

① 论文选题贴近生活、学习，有意义；
② 观点正确，有自己独到的见解；
③ 论点鲜明，证据充分，论证过程清楚；
④ 引用的资料、数据真实有效；
⑤ 制作PPT，对论文核心内容进行陈述。

哇，我明白了，谢谢你的详细介绍。我会按照答辩流程认真准备，争取顺利通过答辩。

不用谢，相信在你的认真准备下，一定能获得"少儿小博士"称号。加油哟！

5.2 答辩技巧

为什么有的同学能顺利通过答辩,有的同学却黯然离场。有什么技巧吗?

我们一起找找看。

答辩前,准备充分

① 修改完善论文;
② 全面熟悉论文;
③ 掌握相关知识;
④ 做好PPT,展示研究过程;
⑤ 情景模拟答辩;
⑥ 总结不足之处。

答辩时,自信从容

① 声音洪亮、自信大方;
② 可脱稿或半脱稿,和观众有目光交流,切忌低头读稿子;
③ 听清问题再作答,回答要简明扼要;
④ 对于不太有把握的问题,应实事求是地讲明,切不可强辩;
⑤ 尊重评委老师,言行举止文明礼貌。

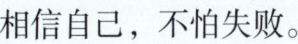

相信自己,不怕失败。

5.3 反思提升

答辩结束了,你还记得评委问你的问题吗?

_____

_____

通过答辩,你发现自己的研究还有哪些不足?你打算怎样改进?

_____

_____

_____

把你的收获写下来和我们一起分享。

_____

_____

答辩就像自己织的一张网被别人帮我们找到了漏洞,那就要尽可能去补。研究有一定的限度,也有无尽的追问性。答辩也是一个仪式,愿你保持热情,继续探索科学!

资料库

小发明的方法指导

1 U型思维法

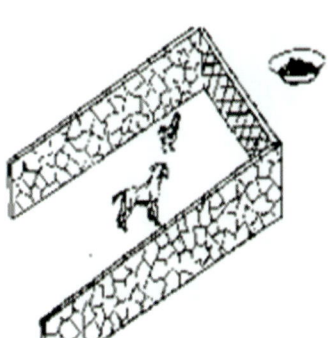

鸡和狗的实验：把鸡和狗关在如图所示的位置上，铁丝网后放有食饵，看鸡和狗究竟有怎样的动作。

实验开始后出现了有趣的场面。首先是鸡，它径直向食饵方向冲去，结果自然被铁丝网拦住而到不了放食饵处，于是它在铁丝网前"喔喔"叫着瞎转转。狗的情况如何呢？它先是一动也不动地环视了一会儿食饵、铁丝网以及旁边的墙壁，然后立刻急促地往回走，绕过右边的墙，走到铁丝网的另一侧把食饵吃掉。

这里讲的是动物实验的例子，但对人类的思维方式甚有启发。事实上，我们在思考解决某一问题的答案时，也会做出同动物寻食饵极其相似的举动来。有时像鸡那样，思维直接扑向目标，有时则像狗那样，思维方向转弯后达到目标。因此，从思维方向看，有直线思维和U型思维之分。在求解问题过程中，如果能用直线思维求解，那是再好不过的了，因为直接求解的思路最短。但是许多问题的求解靠直线思维是难以如愿的，这时采用U型思维去观察思考，或许能使问题迎刃而解。U型思维，常常是创新者用来解决难题的一种思考方式。

资料库

② 洞察奇异法

酸碱试纸的发明者——波义耳

罗伯特·波义耳（Robert Boyle，1627～1691），英国化学家。化学史家们都把1661年作为近代化学的开始年代，因为这一年有一本对化学发展产生重大影响的著作出版问世，这本书就是《怀疑的化学家》（The Skeptical Chemist），它的作者是英国科学家罗伯特·波义耳。革命导师马克思、恩格斯也同意这一观点，他们誉称"波义耳把化学确立为科学"。

> 这个橙子到底是酸性还是碱性呢？

> 我们可以一起来试一试，看看会出现什么反应。

pH试纸是波义耳在一次偶然的机会中发现的：在一次紧张的实验中，放在实验室内的紫罗兰，被溅上了浓盐酸，爱花的波义耳急忙把冒烟的紫罗兰用水冲洗了一下，然后插在花瓶中。过了一会波义耳发现深紫色的紫罗兰变成了红色。这一奇怪的现象促使他进行了许多花木与酸碱相互作用的实验。由此他发现了大部分花草受酸或碱作用都能改变颜色，其中以石蕊地衣中提取的紫色浸液最明显，它遇酸变成红色，遇碱变成蓝色。利用这一特点，波义耳用石蕊浸液把纸浸透，然后烤干，这就制成了实验中常用的酸碱试纸——石蕊试纸。

资料库

3 假设思考创新法

魏格纳："大陆漂移"学说

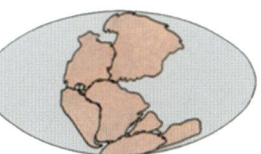  

2亿年前　　　　　6500万年前　　　　　现在

你知道"大陆漂移"假说是怎么发现的吗？

我们来观察一下三幅图有什么变化吧！

1910年，魏格纳看到墙上的世界地图，注意到欧洲和非洲的西海岸和北南美洲东海岸轮廓有极大对应性。他设想：这两块大陆早就是一个整体，后来因破裂、漂移而分开。经过研究，1912年他在德国地质学会上提出了"大陆漂移说"。

4 逼发创意法

今天你们都遇到些什么有趣的事情呀?

它们有什么不同呢?

今天我弄别针戳到手,流血了。老师给了我一个不一样的别针。

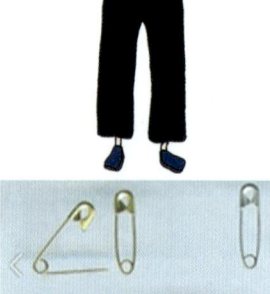

老式别针

安全别针

原来人们已经改进出了更好、更实用的生活用品来解决问题:

傻瓜相机

数码照相机

资料库

5 寻找斜边法

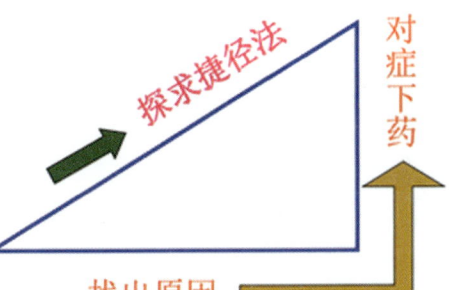

两种方法有什么不同吗?

当年,爱迪生让他实验室的一位大学生提供电灯泡体积的数据,这位新助手用高等数学的方法足足计算了几小时。爱迪生对此深感遗憾,因为在他看来,这种问题只需一两分钟就能解答,而且只需要小学生的知识就足够了。请你想想,爱迪生找到的"思维斜边"又在哪里呢?

资料库

6 琢磨偷懒法

"业精于勤，荒于嬉。"

带刺铁丝网

小发明——简易捡球器

"少出力也能办成事，能够偷懒就偷懒。"

想一想，散落的乒乓球怎样才能快速地收集起来呢？

资料库

7 材质替换法

木门窗 → 铝合金门窗、钢窗 → 塑料门窗

纸张 → 阻燃纸：旅游锅
　　　 → 牛皮纸：活动住房构件

天线 → 形状记忆合金（40℃以上做成天线），冷却，把天线折叠成球团

8 组合创新法

"似变非变，以新带旧，推陈出新。"

人们在生活中是怎样利用旧的物品改进出新的物品呢？

安全剃须刀架和刀片
——美国　金·吉列

可调节台灯

9 缺点逆用法

"金无足赤，人无完人"说的是世界上没有尽善尽美的东西，现在没有，将来也不会有。世界上任何事物都有自己的缺点。通过发现事物的缺点，列举事物缺点，这就是发现问题。寻求克服缺点的方法，这就是解决问题。用列举事物缺点的方式，是进行课题研究的选题方法之一。发现一个缺点，提出一个问题，也就选择了一个研究课题。关注身边的事物，关注事物中的点点滴滴，我们不难发现它们的缺点，找到一个研究课题还难吗？

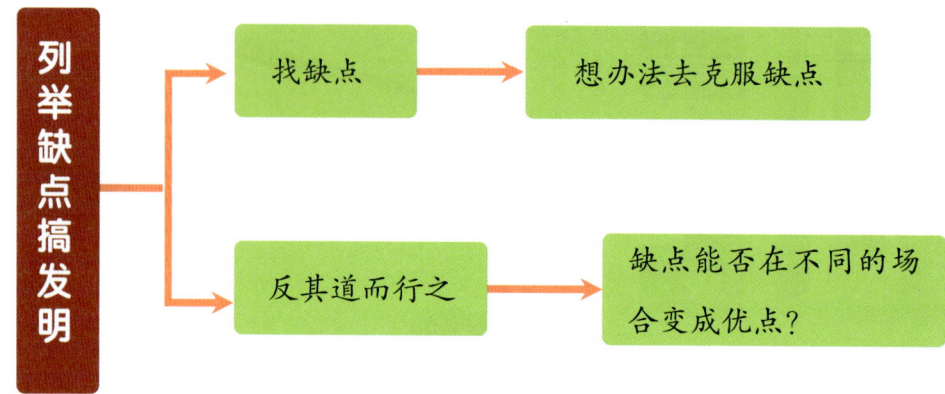

资料库

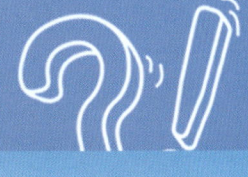

想一想，人们是怎样将方便资料夹的缺点变成优点的？

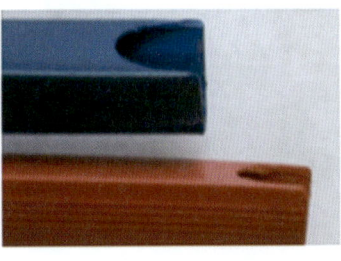

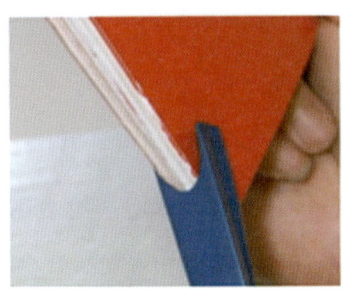

方便资料夹

活动：选题练习

说明：针对你生活的环境，应用选题的方法，提出一些问题作为你的选题。

步骤1：各自针对自己所处的环境，对某个事物或事件提出最少一个问题。

步骤2：把你的问题与小组成员讨论，提炼为选题，并说明其理由。

步骤3：全班交流，各小组公布自己的选题。

10 反向思维助发明

"将欲废之，必固兴之；将欲夺之，必固与之。"

兰缪尔：充气电灯泡

欧文·兰缪尔是美国化学家、物理学家，是1932年诺贝尔化学奖的得主。

科学家利用了怎样的反向思维？

爱迪生：将"声音引起振动"颠倒为"振动还原为声音"，发明留声机。

赫柏布斯：把吹尘器的原理反过来，设计出新的除尘装置，发明了吸尘器。

心得体会